NOTICE

SUR LA

TAUROMACHIE

FRANÇAISE ET ESPAGNOLE

D'APRÈS LES

PRINCIPES ADMIS EN ESPAGNE

DANS LE COMBAT MODERNE

LYON

IMPRIMERIE LÉON DELAROCHE ET Cie

10, Place de la Charité, 10

1890

NOTICE

SUR LA

TAUROMACHIE

FRANÇAISE ET ESPAGNOLE

D'APRÈS LES

PRINCIPES ADMIS EN ESPAGNE

DANS LE COMBAT MODERNE

LYON

IMPRIMERIE LÉON DELAROCHE ET Cie

10, Place de la Charité, 10

1890

NOTICE

SUR LA

TAUROMACHIE

FRANÇAISE ET ESPAGNOLE

D'APRÈS LES

Principes admis en Espagne dans le Combat moderne

Nous avons cru intéressant de publier ces règles tauromachiques, traduites de l'espagnol et qui renseignent utilement nos concitoyens sur les divers jeux et le travail des toréros et des matadors pendant une course.

L'opinion publique, d'après certains on-dit, se figure en assistant à une course de taureaux voir un spectacle sanglant et désagréable, c'est ce qui nous a suggéré l'idée de donner opportunément au public un résumé des principales règles qui président aujourd'hui à toute course sérieuse; afin d'éclairer surtout le critérium parfois indécis, parfois passionné de cette foule qui, ayant rempli les *tendidos* (*estrados*), se constitue en tribunal sans appel, et dont le jugement souvent injuste ou peu sage, donne lieu à des scènes indignes d'une Arène de premier ordre.

Nous ne voulons pas faire ici montre d'intelligence, nous ne sommes que de purs *aficionados* (amateurs), et reconnaissons que dans le public Lyonnais il y en a une partie qui sait ce que sont les courses de taureaux et qui est compétente dans cet art, que personne ne niera que c'est la minorité et que par ce seul fait elle n'est pas écoutée dans les occasions précisément où l'appui de son opinion ferait défaut.

Quiconque a assisté et vu, dans les Arènes de Nîmes, Arles, Béziers, Perpignan, Toulouse, Bordeaux, etc. a pu se rendre compte que dans les courses françaises il n'y a pas d'effusion de sang. Nous sommes certains que le public Lyonnais peut venir sans crainte apprécier la valeur de nos toréadors dans leurs exercices, où l'adresse, le courage et l'agilité les rend dignes de mérite.

L'ouverture d'une Arène à Lyon nous donne l'occasion de mettre en œuvre notre pensée née du désir de la voir apprécier avec cette même intelligence et cette rectitude qui ont fait la réputation de Nimes dans ces mémorables courses.

C'est pourquoi nous publions sans aucun autre prétexte le résumé suivant :

Préparatifs du combat et dispositions générales (Courses espagnoles).

Deux jours avant la course de taureaux, on fait reconnaître le bétail par deux vétérinaires qui excluent les taureaux de rebut et ceux qui ne sont point entrés dans la quatrième année de leur âge. L'entrepreneur étant obligé de les remplacer par d'autres pouvant servir, doit en avoir deux ou trois de réserve.

La veille, on procède de même pour les chevaux dont le nombre est au moins de quarante pour les courses de six taureaux et de cinquante pour celles de huit ; tous sont ensuite marqués et une amende est infligée au fournisseur pour chaque cheval trouvé sans marque, au moment de la course, et sous l'obligation de remplacer sur-le-champ, à ses frais, ceux qui ne peuvent servir ; il en serait de même de ceux qui manqueraient si la réserve était épuisée avant la fin de la course.

Le même jour, l'entrepreneur doit avoir à sa disposition cinquante paires de banderilles ordinaires, vingt banderilles à feu avec double crampon, vingt piques avec leur fer ou pointe de onze lignes de long ; si la course a lieu entre le 1er novembre et fin juin, et de douze si elle a lieu entre le 1er juillet et fin octobre.

Si tous ces objets sont employés durant le spectacle, l'entrepreneur est tenu de les remplacer immédiatement sous peine d'amende, s'ils ne réunissaient pas les conditions d'un bon service.

Dans un coin même des Arènes on installe l'infirmerie composée de deux lits au moins, avec une boite de pharmacie, un médecin, un pharmacien et deux aides.

La course, une fois annoncée, ne peut être suspendue, ni son programme modifié, que pour causes graves ou le mauvais temps.

On ne peut vendre des billets en sus du nombre de places que contient le cirque ; leur revente est interdite sous peine d'amende et ceux trouvés en possession du vendeur sont annulés.

Les portes de l'Arène sont ouvertes deux heures avant celle indiquée pour le commencement de la course, qui a lieu sous la direction du président qui, connaissant les obligations et privilèges des toréadors, exige qu'ils soient observés par chacun d'eux ; et dans le cas contraire, leur inflige une correction méritée.

Pour chaque genre de tours ordinaires à exécuter, le Président agite un mouchoir blanc, et pour les tours extraordinaires, un mouchoir rouge ; pour le jeu de la pique, il ne doit pas attendre pour faire sonner la pose des banderilles que le taureau soit ahuri, et il n'ordonne les banderilles à feu qu'autant que l'animal n'a pu recevoir trois coups de pique en règle ; et au cas où il refuse la pique et le manteau, il peut prescrire qu'on l'enferme au toril.

L'entrepreneur n'est pas tenu de fournir plus de taureaux que ceux qui ont été nommés, bien qu'ils ne conviennent pas au combat, si lors de la lutte préalable ils ont été déclarés propres à la lutte.

Des Taureaux.

Le taureau de course doit être de race accréditée, de cinq à sept ans, bien roulé, sain et n'ayant jamais couru; dans ces conditions, il varie beaucoup dans les facultés, selon la région et la race.

On appelle taureau BOYANTE (au figuré *Heureux*), celui qui est noble, franc et brave durant toute la course, c'est le plus propre aux jeux brillants, qui s'achèvent toujours et sans danger pour le toréador.

REVOLTOSO (remuant) le taureau qui, sans laisser d'être Boyante, montre plus d'envie à l'attaque pour atteindre, se retourne léger et recherche l'origine de la feinte: on peut aussi le combattre avec éclat, mais il exige plus de pied.

ABANTO (timide). C'est le taureau qui refuse le jeu ou qui, après s'être élancé, s'y dérobe et parfois entraîne le toréro, ce qui rend l'attaque mauvaise et dangereuse.

BRAVUCON (craintif). Ce taureau qui se rapproche de l'Abanto, est moins dangereux; il s'élance peu, bondit à l'attaque et s'y attache sans la terminer.

BURRICIEGO (myope). Taureau atteint d'un défaut de la vue, ne voyant pas de loin les objets ou ne les voyant pas bien de près, ce qui le rend dangereux à l'attaque si le toréro ne tient pas compte de ce défaut.

Il y a, en outre, les taureaux qui entourent et approchent beaucoup le toréro, recherchant d'où vient la feinte, et qui permettent un joli jeu, sans danger, si on a le soin de les déplacer souvent; d'autres qui gagnent toujours du terrain vers le toréro, lui coupant toujours le passage; ils doivent être travaillés avec précaution; puis il y a encore des taureaux de SENTIDO (de flair), qui distinguent dans la feinte le volume d'un corps; leur combat est dangereux et exige toutes les ressources de l'art.

Dans le jeu des picadors, ce sont toujours des taureaux Boyantes qui prennent terrain, et on dit qu'ils sont mous s'ils se plaignent du châtiment et s'en vont en tordant le cou; durs, s'ils poussent sur le fer; secs, quand après avoir senti la pique ils se déplacent de nouveau. Le taureau qui, après avoir été piqué, ne s'en va pas et tente de revenir une seconde fois au picador, se nomme *collant* (pegayoso), et si après avoir senti encore la pique il revient à l'attaque, on dit qu'il recharge.

Dans la course, le taureau passe par trois différents états, chacun desquels exige un jeu déterminé, si la lutte doit être brillante.

Quand il sort du toril il parcourt l'hémicycle avec une grande rapidité, porte haut la tête et attaque avec fureur tous les objets qu'il distingue, cherchant l'espace et la liberté, on dit alors qu'il est *laventado*, et ses tendances étant difficiles à connaître, il faut beaucoup de pied dans l'attaque.

Ces premiers mouvements terminés, l'animal cesse de courir, fixe les objets et attaque ceux à distance, en ce moment d'arrêt, il découvre son caractère et ses volontés, c'est le plus propice pour le travailler.

Enfin, quand déjà fatigué, ahuri, il fait peu de cas des objets rapprochés et éloignés et prend *querencia* pour en esquiver les jeux, on dit qu'il est *Aplomado*, situation la plus dangereuse pour le toréro.

On entend par *querencia* les endroits du cirque où le taureau se rend de préférence dès que le jeu le pousse; ce lieu est ordinairement mouvant et humide, où gît un cheval mort.

Le taureau en *querencia* exige dans la lutte beaucoup d'attention et de perfection, parce qu'il s'élance d'une menace irrégulière et désordonnée, envahissant le terrain du toréro qui peut se voir atteint facilement.

Obligations et privilèges des toréadors.

L'entrée de la *cuadrilla* dans le cirque a lieu comme suit : les gens à pied marchent en avant, ayant à leur suite les *espadas* ; derrière viennent les picadors ; la plus ancienne des épées occupe la droite, celle qui vient après en ancienneté, la gauche, la plus jeune au centre et le *sobresaliente* (auxiliaire) derrière celles-ci.

La course est dirigée par le plus ancien matador, la *cuadrilla* reste sous ses ordres. Pour la mort, la direction de la *cuadrilla* revient à celui qui doit l'exécuter.

Le premier *espada* a soin de veiller qu'il n'y ait personne à la droite du toril à la sortie du taureau et prévient le matador qui doit tuer l'animal d'exécuter le jeu du manteau ; il peut le faire lui-même si son indication n'a pas été écoutée.

Il n'est pas permis d'user du manteau à l'égard d'un taureau qui a reçu quatre coups de pique, ni de le détourner de ce jeu avant qu'il soit terminé, si ce n'est dans le cas de sauver un toréro ; il est également défendu de tenir l'animal par la queue, en dehors de cas extrêmes.

A la sortie du taureau, les picadors doivent être à la gauche du toril : le premier (qui sera le plus nouveau), à huit ou dix mètres de la porte et à un mètre de la barrière ; les autres garderont une égale distance.

A côté des picadors, il n'y aura que les *espadas*, prêts à tout événement et ne dépassant pas l'étrier gauche.

Les autres piétons courent le taureau au large, exécutant les jeux qui leur sont ordonnés.

Les piques sont dirigées sur le *Narillo* (glandes du col); le picador se place droit au taureau, de manière à pouvoir s'en approcher pour l'exciter à distance de la longueur de deux corps de cheval, si le taureau est en mouvement, et d'un seul s'il est arrêté. En lançant son coup de pique, le picador aura soin de rejeter le taureau par-devant la tête du cheval, afin de ne pas tomber et que le jeu soit plus brillant; il cédera ensuite son tour à son compagnon, à moins que le taureau ne charge à nouveau; en ce cas, il pourra le repousser.

Il y aura à la porte de l'écurie des chevaux, un picador de réserve, monté et prêt à remplacer celui qui serait démonté ou empêché.

Les *banderilleros* ont la double mission de courir les taureaux, ce qui est appelé la *Brega* (lutte), et de leur planter des banderilles, en observant dans ce travail le tour assigné à chacun d'eux par le *prima espada* qui dirige la course; il leur est interdit de couper le terrain au taureau ou de le dévier, à moins que ce ne soit pour échapper à une atteinte.

Seuls les toréros, annoncés sur l'affiche peuvent placer plusieurs paires de banderilles sur le signal qui leur est donné; ils peuvent déboucher des deux côtés, selon la situation et les conditions du taureau; quand l'animal ne s'élance pas, on le provoque obliquement ou par un demi-tour pour ne pas perdre du temps.

Les matadors annoncés sont les seuls qui doivent tuer le taureau en alternant par moitié, mais un *sobresaliente* (auxiliaire) peut aussi tuer le dernier ou les deux derniers taureaux, si l'affiche le porte.

Tous les taureaux qui sortent sains du toril doivent mourir dans l'arène par la main *del espada* désigné à son tour; si ce dernier est dans l'impossibilité de le faire, par suite de blessures, c'est le plus ancien qui le remplace et ainsi de suite; à défaut de *espada*, le *sobresaliente* (auxiliaire) tue, et s'il n'y en a pas, c'est au plus ancien *banderillero* à le suppléer.

Le taureau qui, avant la mort, devient impropre et

est tué par la *puntilla* (espèce de poignard), n'arrive pas à la hauteur des matadors; mais il en est de même de celui qui serait enfermé au toril comme ne pouvant pas servir au travail, et il ne saurait interrompre l'ordre de la course.

Le matador doit travailler seul son taureau, mais il peut, s'il le juge nécessaire, permettre qu'il soit couru par ses collègues et piétons.

Autant que possible, il dirigera l'estocade en haut, cherchant le moyen le plus brillant ; et quand les conditions du taureau ne lui permettront pas ce jeu, il pourra user des autres ressources de l'art pour ne pas retarder la mort.

Quoique le temps ne soit pas fixé pour obliger le matador à terminer son jeu, le président peut faire répéter la sonnerie de la mort, et si le travail ne lui parait pas satisfaisant, ordonner à l'épée de se retirer et faire aussi enfermer le taureau, s'il s'écoulait trop de temps après le second avis.

Des jeux.

Les jeux commencent toujours droit au taureau, car en obliquant celui-ci gagne du terrain et peut atteindre le toréro.

Pour courir les taureaux, il faut tenir compte de leurs facultés : ceux qui sont vigoureux de jambes, en les excitant de loin sans s'arrêter et leur jetant le manteau au-dessous et dans la direction distincte de celle qu'avait l'animal ; les taureaux hésitants et de peu d'ardeur doivent être attaqués de court et contraints.

Les *Boyantes*, les *Revoltosos* sont faciles à courir; mais il n'en est pas de même des *Abantos*, *Burriciegos* et de *Sentidos* (flair). Ceux-ci exigent une grande sérénité et beaucoup de pied.

Les jeux gracieux du *Galleo* et de la *Véronique* avec le manteau peuvent se faire à tous taureaux en tenant compte des facultés de l'animal dans la lutte.

Le saut du *tralscuerno* (derrière les cornes) et le saut de la *garrocha* (perche) doivent être exécutés sur des taureaux francs, quand ils s'élancent et en comptant sur le secours des manteaux.

Le jeu de la pique, bien dégénéré aujourd'hui, à cause de la mauvaise qualité des chevaux qu'on emploie, et les exigences d'une partie du public qui, sans s'y connaître, se montre impatient et demande l'exécution en dehors des règles, exige de la part du picador beaucoup de force et d'intelligence, parce que son mérite consiste en ce que le cheval sorte sain et sauf du choc, chose difficile que l'on suppose à première vue, si le taureau est piqué, en enlevant son cheval.

Près de la barrière, on provoque le taureau, et par exception, on arrive peu à peu à l'approcher de deux à trois mètres de distance ; lorsque le taureau ne répond pas à la provocation, le picador change de place, de manière à se ménager la retraite.

Le picador ne doit par lâcher sa pique, si ce n'est dans un cas extrême, et conserver la main de la bride pour manier son cheval et l'éloigner du taureau sans être désarçonné : dans la chute, elle lui servira à maintenir la bête et à la couvrir de son corps placé entre lui et le taureau.

On observe fréquemment des taureaux qui se retournent peu à peu et prennent la course pour fondre, ce qui est à craindre dans le jeu de la pique, car, outre la violence du choc, le picador peut être accroché s'il n'a pas la précaution de le recevoir à propos.

Il y a aussi des taureaux qui, étant *Boyantes* et *Blandos* dans le commencement, se font en fer, deviennent collants et qui après l'avoir essuyé, ou qui, n'ayant pas été hâtés, consentent à la charge.

Il ne convient pas d'exciter les taureaux qui s'obstinent à leur place, le châtiment les irrite et les fait attaquer avec fureur, ce qui est dangereux pour le picador.

Les banderilles se placent à l'endroit appelé *rubios,* près du garot, une de chaque côté en parallèle, ce qui s'obtient en levant le coude et rapprochant les mains.

Pour que ce jeu soit bien exécuté, il convient de fatiguer les jambes des taureaux qui ne sont pas francs.

Pour cela faire, il convient de bien les placer, c'est le *cuarteo :* les toréros se divisent et se placent en face de l'animal quand les taureaux s'y prètent ; on les place ainsi à *espada carnero,* (c'est-à-dire chocs, heurts de la tête) ; la pose au demi-tour est facıle ; mais la meilleure manière de les placer, c'est de biais. La pose en coupant le taureau est difficile, parce qu'elle exige qu'il soit bien lancé.

Quand le taureau s'élance, la pose est très jolie et facile, pourvu que le banderilléro connaisse bien l'animal.

Enfin, *ab aquiefro,* qu'on exécute de pied ferme ou assis sur une chaise, est le tour le plus difficile et que peu de banderilléros osent risquer et qui n'est possible qu'avec des taureaux *Boyantes* et très francs.

La mort, dernier péril de la lutte, est le jeu le plus difficile de tous par la lutte qui s'engage entre le matador et le taureau, quand ce dernier se trouve très méchant et fourbe.

Le maniement de la *muleta* n'est pas le même pour tous les cas ; mais au contraire, il doit être approprié soigneusement aux conditions de l'animal.

Toutes les passes sont bonnes pour les taureaux *Boyantes;* la passe naturelle en rond a pour effet de couper les jambes ; la passe appelée *Telon,* ou naturelle, par le haut oblige l'animal à relever la tête. Les taureaux *Abantos* et *Bravucontos* exigent de l'attention dans le mouvement, parce que leur lâcheté même les dérange, et ils peuvent dans leurs fuites rouler le matador.

A ceux que l'on environne, on doit donner beaucoup de sortie ; à ceux qui ont du flair, on présente la *muleta* de profil en la retournant, et quand l'animal attaque il faut s'abriter avec elle et par la feinte l'amener à livrer le corps. Avec ces taureaux, on ne doit jamais essayer la passe de cœur.

Les brillantes estocades sont dirigées par en haut; celles par le bas ou *golletazos* sont de mauvais effet; cependant, il est des cas exceptionnels où l'on est forcé d'y recourir. L'*estocado* par en haut est difficile à enfoncer, c'est pourquoi elle doit être répétée, et *c'est une erreur de juger du mérite du matador par de tels incidents, puisque dans la majeure partie des cas, la mort du taureau à la première* estocado *est bien plutôt la fille du hasard que de l'adresse.*

L'*estocado* qui coupe la moelle épinière tue instantanément; celle qui passe par le poumon détermine aussi promptement la mort de l'animal; elle est d'un grand mérite et ne doit pas être confondue avec le *golletazos*, quoique l'on voie le taureau rendre le sang par la bouche.

L'*estocado* en avant est facile à un bon matador, quand l'animal se prête à la recevoir, mais seulement avec des taureaux *Boyante*, *Revoltoso*, et elle est dangereuse avec les autres; Dans aucun cas, elle ne doit être tentée plus de deux fois.

L'*estocado* à la rencontre s'emploie avec des taureaux qui gagnent du terrain et ceux qui provoqués ne répondent pas bien à l'attaque.

On tue à *volapie* (en voltigeant) les taureaux *Aplomados* et de flair, évitant autant que possible le milieu de l'Arène, car alors le secours du manteau est nécessaire.

Lorsque le taureau quitte sa place, en même temps le matador s'élance et s'échappe ensuite par derrière, après le coup d'épée; on appelle cela l'*estocado* à un temps.

Finalement, avec des taureaux dangereux, qui ne se meuvent pas, se cachent derrière la *muleta* ou ont le flair, on use alors de l'*estocado* de recours, qui se donne au pas des banderilléros, à la course et au demi-tour. Ces *estocados*, quoique peu brillantes, ne diminuent en rien le mérite du matador, quand il est obligé de s'en servir par pure nécessité.

Toujours, quand un taureau blessé à mort se tient à la barrière sans se coucher ni répondre à l'appel de la *muleta*, le matador lui appuie l'épée sur le museau et la lui enfonce entre les deux cornes dans le cerveau; c'est ce qu'on appelle *descabeller;* mais si le taureau se couche, c'est au *puntillera* de l'achever avec la *puntilla* (espèce de poignard).

Telles sont les règles suivies actuellement dans les Plazos sérieuses, pour la sage application desquelles il faut indispensablement de bonnes *cuadrillas* bien dirigées, un bétail choisi et confortablement transporté, car le transport influe beaucoup sur les conditions des taureaux surtout s'ils viennent de très loin; un service complet et parfaitement organisé avec abondance d'accessoires, une saison opportune et de l'ordre dans la *Plaza* (arène). A cela contribue beaucoup un public intelligent, qui sait en imposer par son exemple, s'abstenant de certaines démonstrations qui, quoique inoffensives, occasionnent le tumulte et paralysent le combat; ainsi que toute exigence non justifiée qui oblige le toréador à une condescendance contraire aux préceptes de l'art.

On a toujours remarqué que plus le public se montre intelligent, plus la direction de la course est facile, les jeux plus brillants, par la raison que la *cuadrilla* travaille avec le plus grand plaisir et intérêt, voyant qu'on lui rend justice.

Il n'en est pas de même pour nos courses françaises où la mise à mort a été supprimée, à juste raison, pour éviter l'effusion de sang. La mise à mort étant supprimée, la présence d'un picador dans l'arène devient inutile. Par ces motifs, les exercices des toréadors français sont plus périlleux, car la plupart des tours sont exécutés sans le secours des manteaux. En outre, le caractère du taureau français diffère de beaucoup de l'espagnol.

Nos taureaux, en général, ne sont pas francs et très vicieux, ce qui rend l'attaque dangereuse et exige beaucoup de pied. Il conserve toujours sa vigueur, n'étant pas piqué par la pique du cavalier.

Les exercices du toréador français sont mixtes, c'est-à-dire qu'il doit savoir se servir de la *cap* (manteau), de la *garacha* (perche) pour les sauts, tandis que l'Espagnol ne saute jamais les taureaux sans perche, il écarte rarement de pied ferme, ce que le Français doit savoir faire; en un mot, il doit connaître à première vue l'animal qu'il va travailler. Dans nos courses françaises les exercices sont beaucoup plus variés et demandent beaucoup d'entente. Les toréadors doivent se comprendre par signes, se commander à mi-voix; il est défendu de se faire des reproches dans l'Arène, c'est au chef de quadrille à faire les observations qu'il juge nécessaires, avec le plus grand calme.

Les taureaux qui ne se prêtent pas aux exercices annoncés au programme, sont rentrés par ordre du chef de quadrille et remplacés par d'autres.

Enfin les dispositions générales sont à peu près les mêmes que dans les courses espagnoles.

Les courses françaises n'ont rien de désagréable à voir, les taureaux ne sont jamais maltraités, les banderilles étant d'un très petit calibre; il n'y a pas d'effusion de sang; l'ensemble de la course, les exercices variés de nos toréadors donnent au spectacle un attrait remarquable. Il faut des hommes agiles et courageux, les exercices doivent être exécutés avec le plus de grâce et d'agilité possibles et sans colère.

Un commissaire spécial est chargé de faire sortir de l'Arène celui qui montrera de l'animosité dans son travail où bien celui qui, malgré une indisposition, voudrait continuer la course sans l'autorisation de son chef.

Il est expressément défendu au public de sauter dans l'Arène au moment du travail du quadrille sous peine d'amende et être expulsé de l'Arène, la Direction n'étant pas responsable des accidents. La rentrée et la sortie du taureau est annoncée par une sonnerie, et il ne doit rester que vingt minutes au plus dans le cirque; un intervalle de cinq à six minutes est laissé entre chaque taureau pour donner au toréador le temps de respirer ; il leur est défendu de quitter leur veste dans le cirque et doivent conserver une tenue correcte. La police de l'Arène est faite par les agents de la force publique, sous la surveillance d'un commissaire de police.

La course se termine au sixième taureau, le public ne peut exiger que ce que le programme porte, et si par une cause indépendante ou par un cas de force majeure la course est interrompue, le public n'a droit à aucune indemnité ; la course commencée, l'on n'a plus rien à réclamer à la direction.

ANDRÉ ET ÉMERY.

6099. — LYON, IMP. DELAROCHE, 10, PLACE DE LA CHARITÉ

27

www.ingramcontent.com/pod-product-compliance
Lightning Source LLC
LaVergne TN
LVHW020511230826
846091LV00008BA/3458

* 9 7 8 2 0 1 3 6 2 4 1 5 2 *